BAROGO,

OU LA SUITE

DU RAMONNEUR PRINCE,

COMÉDIE

EN DEUX ACTES ET EN PROSE.

Représentée, pour la première fois, à Paris, sur le Théâtre des Variétés, au Palais-Royal, le 24 Juillet 1785.

PAR M. M... DE P..Y.

A PARIS;

Chez CAILLEAU, Imprimeur-Libraire, rue Galande, N° 64.

M. DCC. LXXXVI.

PERSONNAGES.	ACTEURS.
LE PRINCE D'ORESCA.	M. Beaulieu.
LE CORRÉGIDOR.	M. Duval.
DONA SANCHA, Femme de Chambre de Dona Éléonore.	Mlle Tabraise, cadette.
BAROGO, Ramonneur.	M. Bordier.
DON LAZARILLE, Frippier.	M. Barotteau.
L'EXEMPT.	M. Lebel.
DON FELIX DE CARDONNE, Aventurier.	M. S. Aubin.
DON CÉSAR, ancien Secrétaire du Prince.	M. Noel.
POSTICHI, Dentiste.	M. Boucher.
Un Page.	
Un Voleur parlant.	M. le Lievre.
Deux autres Voleurs.	
Un Greffier.	M. Fiat.
Amis de Don César.	
Musiciens.	
Algouazils.	

La Scène se passe à Madrid, au premier acte, devant la maison d'Éléonore, & celle du Corrégidor, sur une Place. Au second acte, dans une des Salles des Prisons de la Ville.

BAROGO,
OU LA SUITE
DU RAMONNEUR PRINCE,
COMÉDIE.

ACTE PREMIER.

(*Le Théâtre représente une petite Place; la maison d'Eléonore est à gauche (à la vue des Spectateurs); elle a deux fenêtres l'une au-dessus de l'autre. Devant celle du premier étage est un large balcon, & au-dessous une porte. De l'autre côté, vis-à-vis, mais plus haut, est la maison du Corrégidor.*)

SCENE PREMIERE.
LE PRINCE, SON PAGE.

LE PRINCE. (*Grand manteau bleu, chapeau rabatu.*)
(*Il montre la porte de la maison d'Eléonore.*)

LA, demande Dona Sancha, & dis-lui en particulier que je l'attends.

A

Le Page.

Oui, Monseigneur.

(Le Page va à la porte, & sonne. On ouvre un guichet. Il y parle au Portier, & attend. Ensuite il reparle à Dona Sancha, qui sort. Tout cela se fait pendant le monologue du Prince.)

Le Prince.

Que l'empire de la beauté est puissant, & que nous sommes foibles ! Malgré tout ce que m'a dit Sancha, malgré tout ce que la raison ne cesse de me répéter, je sens que mon cœur trouve toujours des moyens d'excuser Eléonore. Ces lettres ne sont point encore assez convaincantes, je suis résolu....

SCENE II.

LE PRINCE, DONA SANCHA.

D. Sancha.

Vous ici, Monseigneur ? On vous croit à l'Escurial.

Le Prince.

J'en arrive en effet. On ignore mon retour, & je veux le cacher à tout le monde, afin de profiter du bruit de mon absence, pour m'assurer par moi-même de la vérité.

D. Sancha.

Monseigneur peut-il soupçonner que j'osasse lui en imposer ? D'ailleurs, ces lettres....

COMÉDIE.

LE PRINCE.

Elles ne suffisent pas. Je sais qu'Eléonore est intéressée, mais je ne puis la croire perfide. Don César avoit toute ma confiance, elle aura flatté son amour-propre pour l'engager dans ses intérêts; mais après sa disgrace, je suis sûr qu'elle ne voudra plus le recevoir.

D. SANCHA *soupirant.*

Ah ! plût au Ciel !

LE PRINCE.

Vous soupirez ?

D. SANCHA.

Pardonnez à ma foiblesse. Ne croyez pas que ce soit seulement dans le dessein de nuire à ma Maîtresse que je vous ai dévoilé sa conduite. L'ingrat Don César m'a forcée à cette démarche, que je me reprocherai toute ma vie.

LE PRINCE.

C'est-à-dire que vous aimez Don César ?

D. SANCHA.

Ah ! Monseigneur !

LE PRINCE.

J'entends. La jalousie vous a aveuglée. Vous avez vu que votre Maîtresse étoit votre rivale, & c'est moi que vous avez chargé du soin de votre vengeance.

D. SANCHA *interdite.*

Vous croyez....

LE PRINCE.

Oui, je crois que nous sommes souvent la victime des petits démêlés de nos Gens, & qu'Eléonore est innocente.

D. SANCHA.

Il m'est bien aisé de prouver le contraire.

LE PRINCE.

Que dites-vous ?

D. SANCHA.

Que Monseigneur promette de rendre ses bonnes-graces à Don César, & je….

LE PRINCE.

Jamais. Reprendre ceux qu'on a renvoyés une fois, c'est s'exposer à un nouveau repentir.

D. SANCHA.

Eh-bien, Monseigneur, il n'est pas juste que le moins coupable soit le plus puni : puisque vous me forcez à me justifier, je vais tout vous découvrir.

LE PRINCE.

Quoi donc ?

D. SANCHA.

Apprenez que Don Félix de Cardonne doit être introduit cette nuit même chez Dona Eléonore.

LE PRINCE.

Quel est ce Don Félix, le connoissez-vous ?

D. SANCHA.

Non, Monseigneur, mais je crois que c'est une espèce d'aventurier, un étranger dont elle a fait la connoissance au Prado, & dont elle est coëffée au point….

COMÉDIE.

Le Prince.
Sancha, prenez garde....

D. Sancha.
Si Monseigneur veut me suivre, & me promettre de se contenir....

Le Prince.
J'y consens.

D. Sancha.
J'entends du bruit. C'est apparemment le Corrégidor qui fait sa tournée. Venez, Monseigneur, je vais vous conduire à la fenêtre de ma chambre, (*Elle lui montre la fenêtre du second. Le Corrégidor paroit avec le Frippier Don Lazarille.*) d'où vous pourrez tout voir & tout entendre. (*Elle entre dans la maison avec le Prince.*)

SCENE III.

LE CORRÉGIDOR, LE FRIPPIER.

Le Frippier.
Oui, Seigneur Corrégidor, je vous réponds que c'est un voleur.

Le Corrégidor.
Un voleur! Bon. Mais quelle preuve en avez-vous?

Le Frippier.
Ses discours, sa tournure; enfin il ne faut que

le voir pour en juger. C'eſt un coquin, tout auſſi vrai que je ſuis un honnête homme.

LE CORRÉGIDOR.

Ce n'eſt pas là une conſéquence. En tout cas, il faut qu'il ſoit bien mal-adroit. Quoi! au lieu de cacher ſon vol, il en fait parade?

LE FRIPPIER.

Je vous dis qu'à quatre pas vous le prendrez pour un Grand de la Première Claſſe. L'habit le plus riche, les plumes les plus belles, le Colier de l'Ordre.

LE CORRÉGIDOR.

Quoi! il eſt décoré?

LE FRIPPIER.

Comme un Prince.

LE CORRÉGIDOR.

Mais ne ſeroit-ce pas quelque Grand Seigneur qui a voulu s'amuſer à vos dépens? Prenez garde à ne pas me compromettre. Comme la Juſtice ne peut avoir tort, vous entendez bien que tout retomberoit ſur vous, cela eſt juſte.

LE FRIPPIER.

Oh! je ſuis bien tranquille. Ce n'eſt pas le premier voleur que j'ai dénoncé. Je ne ſuis pas Marchand Frippier pour rien. Je me connois en frippon.

LE CORRÉGIDOR.

Cela eſt clair. Celui-ci a donc voulu vous vendre ſon habit?

LE FRIPPIER.

L'ajustement complet, depuis la tête jusqu'aux pieds.

LE CORRÉGIDOR.

Et comment auroit-il fait pour sortir de chez vous sans....

LE FRIPPIER.

Bon, il auroit attendu la nuit pour détrousser le premier passant. Au surplus, il avoit sous son bras un petit paquet qui pouvoit contenir quelques effets.

LE CORRÉGIDOR.

Si bien qu'il est chez vous ?

LE FRIPPIER.

Non, je l'ai mené au cabaret pour le faire jaser.

LE CORRÉGIDOR.

Et s'il n'y est plus, où le prendre ?

LE FRIPPIER.

Oh! il m'attend. Je lui ai dit que n'ayant pas assez d'argent chez moi, j'en allois emprunter à un de mes Confrères.

LE CORRÉGIDOR.

C'est fort bien ; allez vîte le rejoindre. Je vais envoyer quatre Alguasils déguisés en braves, & au moyen d'une querelle....

LE FRIPPIER.

J'entens. L'enseigne du cabaret est : *au Grand Amirante*, vis-à-vis de l'Hôtel d'Orefca.

(*Il sort.*)

SCENE IV.

LE CORRÉGIDOR *seul.*

A MERVEILLE ; il a raison Les coquins ont un certain tact pour se reconnoître. La nuit est bien obscure ; voici l'heure où les amoureux.... (*Don César paroît.*) En voilà déja un qui commence à roder par ici : allons songer à l'affaire du Frippier, & donner mes ordres.

(*Il rentre chez lui.*)

SCENE V.

D. CÉSAR *seul, regardant le balcon d'Eléonore.*

INGRATE Eléonore ! Depuis mon malheur, elle ne veut plus me voir. J'ai tout perdu pour elle, les bontés du Prince, mon état, & voilà ma récompense ! Mais, qui peut nous avoir trahis ? Elle ne manquera pas de raisons pour se justifier ; il l'aime, il croira tout, & je serai la seule victime sacrifiée à son ressentiment. Non, il sera détrompé.... C'est le seul moyen de regagner sa confiance & de me venger de la perfide.... (*Barogo paroît ; il a sa souquenille sur son habit riche, & son chapeau dessous ; un paquet sous le bras.*) Quelqu'un vient, éloignons-nous, mais ne perdons pas cette porte de vue.

(*Il va dans le fond & sort à droite.*)

SCENE VI.

BAROGO *seul.*

Oh! ben oui, va, comme je t'attendrai! Tant que le vin m'a fait compagnie, j'ai ben consenti à la patience; mais quand une fois il n'y a plus t'eu rien dans la bouteille, bon soir au voisin. Quoique ça, je n'ai pas voulu boire à ses dépens; j'ai bien payé ma chopine.... Vlà qui se fait tard, où irai-je t'y? Avec un bel habit comme ça, on ne peut pas aller coucher avec de la canaille dà. Une nuit est bientôt passée. Pardi, j'ai eu là un bon avisement, de mettre ma souguenille par-dessus.... Que fait-on, il y a tant de voleurs cette année, que si j'en rencontrissois quelques-uns, & qui voyissent tout st'argenterie, ils ne se contentriont pas de me demander la bourse ou la vie, ils aurions bentôt égorgé le moineau pour en avoir le plumage. Le plus sûr est de ne pas s'exposer, parce que, comme dit st'autre, qui plante des épines, ne doit pas s'attendre à vendanger des roses.

SCÈNE VII.

(Le Prince & Sancha sont à la fenêtre du second, qui est couverte d'une jalousie, dont le bas est en avant, de manière qu'on peut les voir.)

LE PRINCE *à la fenêtre.*

Quelqu'un approche de la maison.
D. SANCHA.
C'est peut-être Don Félix. Voilà l'heure du rendez-vous. Ne vous montrez pas. Je vais à la fenêtre du balcon.

BAROGO *examine un banc qui est sous le balcon à côté de la porte.)*

Si je pouvois m'arranger sur ce petit banc pour y passer jusqu'au jour.

(Il pose son petit paquet sur le banc.)

Je ne serai pas si mal dà !

(Il se couche sur le banc.)

Et le coussin : bon, ça sera plus douillet.
(Il met son paquet en guise de coussin, & il s'étend.)

Pardi ! me vla comme un charme !

(Il se relève vivement.)

Oui ! & si les donneux de Seringuades, ou bien Messieurs les Alguasils m'appercevront... Eh bien, quoi ? y croiront que je sis queuque-z'un d'impor-

COMÉDIE.

tance qu'eſt dans l'eſpérance à la porte de ſa Princeſſe. N'ons-je t'y pas vu de grands Monſieux qui feſiont le ſentinel ſous les fenêtres de leux belles, dans le tems que d'autres occupiont leur place auprès d'elles ? Faut ſuppoſer que ce ſera tout de même.

(*Il ſe recouche.*)

N'y a que le chapeau qui m'embarraſſe.

(*Il le poſe à terre à côté de lui.*)

D. SANCHA *au balcon.* (*Elle ouvre la fenêtre du premier, & paroît ſur le balcon, d'où elle parle bas au Prince.*)

Monſeigneur, je ne vois perſonne. D'ailleurs, je n'ai point entendu de muſique.

LE PRINCE *à D. Sancha.*

Là, ſous le balcon. (*A part.*) De la muſique ! Ce Cavalier n'aime pas le myſtère.

D. SANCHA *ſe penche & appelle.*

St, ſt. On ne répond pas. (*Au Prince.*) Monſeigneur ?

BAROGO *ſur ſon ſéant.*

Monſeigneur !

LE PRINCE *bas à D. Sancha.*

Il eſt peut-être entré dans la maiſon.

D. SANCHA *bas au Prince.*

Non, Monſeigneur, le Portier eſt couché.

LE PRINCE *bas à D. Sancha.*

Appelle encore.

D. SANCHA *se panche encore.*

St, ſt.

BAROGO.

C'eſt comme la voix d'une femme. Pardi, voyons ça.

(*Il répond doucement*, ſt, ſt.)

D. SANCHA *au balcon.*

Don Félix, eſt-ce vous ?
(*Pendant qu'elle parle, Barogo ſe leve & avance la tête avec précaution pour tâcher de la voir.*)

BAROGO.

Mettons notre biau chapeau pour l'y donner dans la viſière. (*Il met ſon chapeau.*)

D. SANCHA.

Répondez donc.

BAROGO *s'avance & la regarde en répondant.*
St, ſt.

D. SANCHA.

Attendez un inſtant, je vais vous ouvrir la porte.

BAROGO *se réjouiſſant du côté du Public.*

Encore queuque bonne aubaine ! On a bien raiſon de dire que quand une fois la fortune vous rit, ça va tout ſeul. Il ne faut tant ſeulement que mettre une jambe dans l'étrier, on va après grand galop, ventre à terre. (*D. Céſar paroît dans le fond.*) Otons notre fouguenille, afin que d'être plus magnifique.

(*Il ôte ſa fouguenille, qu'il poſe ſur le banc.*)

COMÉDIE.

SCENE VIII.

LE PRINCE, D. SANCHA, D. CÉSAR, BAROGO.

D. CÉSAR *dans le fond.*

C'EST le Prince. Le même habit.... C'eſt lui.
(*Barogo s'approche de la porte.*)

D. CÉSAR.

Il aura perdu la clef, ſans doute. Il faut que tout ſoit arrangé : Eléonore eſt ſi adroite !
(*Barogo ſe retourne du côté oppoſé à la porte.*)

LE PRINCE *au même inſtant.*

Je crois que c'eſt Don Céſar.

D. CÉSAR *croyant que Barogo, qu'il prend pour le Prince, a parlé, dit :*

(*A part.*) Il m'a nommé ! Sauvons-nous.
(*Il s'en va.*)

SCENE IX.

LE PRINCE, D. SANCHA, BAROGO.

LE PRINCE *voyant fuir D. Céfar.*

C'ÉTOIT lui.

BAROGO, *qui s'eft ajufté.*

Me voilà propre comme un lapin. Si elle revenoit, & qu'elle me reluquît.

D. SANCHA *au balcon.*

Seigneur.

BAROGO *joyeux s'avance.*

Bon! la voilà.

D. SANCHA *au balcon, à Barogo.*

Seigneur, le Portier a fermé la porte à double tour; il dort, & pour éviter toute indiscrétion de sa part, je vais vous jetter une échelle.

(*Elle se retire.*)

BAROGO.

Une échelle! diable! c'eft férieux, oui.... Eh ben, puifque c'eft elle qui eft la maîtreffe du logis, & qu'elle le veut bien, qu'eft-ce que ça fait donc? Pourquoi pas: elle eft ben la bourgeoife de-ça, p't'être.

LE PRINCE *à part.*

Cette voix ne m'eft pas inconnue... Cet habit...

D. SANCHA

D. SANCHA *jettant l'échelle*.

Tenez, Seigneur, voilà l'échelle ; montez, & ne vous impatientez pas. Séraphine est encore chez Madame, je vais lui dire de la renvoyer.

LE PRINCE *à D. Sancha*.

Fermez les croisées & laissez-le là.

(*D. Sancha rentre & ferme les croisées.*)

BAROGO.

Y montrai je-t'y, ou n'y montrai-je-t'y pas ? Bon : quoi est-ce que je risq' ? Allons, fait comme il est dit. (*Lazzis.*) L'escalier est ben étroit.

LE PRINCE *à part*.

Je crois, Dieu me pardonne, que c'est ce malheureux Ramonneur.

BAROGO. (*Lazzis pour monter.*)

Oh ! c'est égal, j'y montrons ben, quoique ça, ça n'est pas pus difficile que de grimper dans une cheminée. Ils ont une drôle de manière de rendre leur visite dans ce pays-ci, ce n'est pas comme ça dans c'te France, ça va tout d'go.

(*Pendant qu'il monte.*)

LE PRINCE *à part*.

Le plaisant qui-pro-quo.

BAROGO *étant monté, reste à cheval sur le balcon*.

M'y vlà pourtant. N'y a pas personne. Eh ben, où est-ce qu'elle est donc ? (*Il descend sur le balcon.*) (*N'appelle.*) Mamzelle, Mamzelle la Princesse ! C'est moi, & je suis le Monsieur.

B

(*Il avance vers les croisées qui sont fermées.*)

La porte est fermée. Quoique ça signifie ?

(*En Espagne, les fenêtres se ferment à la clef.*

(*Il regarde par le trou de la serrure.*)

LE PRINCE *à part.*

Amusons-nous un instant.

BAROGO. (*Il regarde des deux côtés de la croisée.*)

N'y a pas de clochette : si je frappois ?... Oh ! non, cette Princesse-là n'aime peut-être pas le bruit.

LE PRINCE *haut.*

Qui va là ?

BAROGO *effrayé, se baissant un peu.*

Aïh, aïh, aïh !

LE PRINCE.

Répondez donc.

BAROGO *à demi-voix, toujours baissé.*

Ami.

LE PRINCE.

Qui demandez-vous ?

BAROGO.

Qui ? y a gros que ce n'est pas vous.

LE PRINCE.

Heim !

BAROGO *à part.*

C'est peut-être quelque domestique de la maison qui ne sait pas le fin mot de l'histoire. Parlons-l'y ferme, ça l'épouvantera p'tête.

COMÉDIE.

LE PRINCE.

Eh bien?

BAROGO *se relevant avec importance.*

Quels sont donc les ceux qui osont me parler de cette manière? Heim!

LE PRINCE *riant.*

Ah! pardon.

BAROGO *à part.*

Bon ça, voyez-vous.

LE PRINCE *badinant.*

J'ignorois que j'avois l'honneur de parler au Seigneur Barogo.

BAROGO *à part.*

Il m'a reconnu. Adieu toute ma belle friperie. (*Au Prince qui rit.*) Et qu'est-ce que vous êtes, vous, Monsieur le gouailleux? Avons-je-t'y l'honneur de nous connoître?

LE PRINCE *avançant la tête.*

Regarde-moi.

BAROGO *après l'avoir regardé.*

Ah! mon Dieu. Est-ce que j'ai la berlue? Non pardi.... C'est sa figure en propre personne. (*A genoux.*) Ah! Monseigneur, je vous fais ben excuse du pardon que vous avez eu la bonté de me demander tout à c'teheure.

LE PRINCE.

Que fais-tu là?

BAROGO.

Je n'en sais rien, Monseigneur, si ce n'est que j'attends....

LE PRINCE.

Qui ?

BAROGO *vite*.

Une Demoiselle qui, sauf votre respect, m'a jetté cet escalier par la fenêtre, afin de monter dessus, Monseigneur.

LE PRINCE.

Tu ne sais donc pas ce qu'elle te veut ?

BAROGO *vite*.

C'est p'tête pour l'y faire queuque commission ou ben pour ramonner sa cheminée, Monseigneur. P'tête ben aussi que ce sont vos beaux habits qui causont un qui-propos. Si Messieurs vos valets se sont trompés à mon déguisement, il n'est pas moins ben possible que des étrangers s'y trompissions tout de même. Or donc, pour empêcher l'accident d'un malheur, je vais les quitter ben vite, afin de n'avoir plus la figure de votre ressemblance, Monseigneur.

LE PRINCE.

C'en est assez : descends & retire-toi.

BAROGO.

Oui, Monseigneur.

(*Il va pour descendre. Le Prince entend, dans le lointain, comme des accords de musique.*)

LE PRINCE.

Non, non : j'entends quelqu'un : reste-là.

COMÉDIE.

BAROGO.

Oui, Monseigneur.

LE PRINCE.

Cache-toi de façon qu'on ne puisse pas te voir.

BAROGO *se baissant.*

Oui, Monseigneur.

LE PRINCE.

Quelque chose qui arrive, je te défends de me nommer.

BAROGO *se haussant & baissant à mesure que le Prince parle.*

Oui, Monseigneur.

LE PRINCE.

Prends-y bien garde.

BAROGO.

C'est dit.

(*Barogo est tapi de manière que le Public peut voir son visage, qui est tourné du côté des Spectateurs. D'ailleurs il n'est pas possible que les Acteurs, qui sont sur le Théâtre, puissent le voir dans le balcon, lorsqu'il se baisse.*)

(*D. Félix très-paré, dans le fond. On entend un accord de musique.*)

BAROGO.

Ah! c'est une fringade.

SCENE X.

LE PRINCE *à la fenêtre*, BAROGO *caché*, D. FÉLIX.

D. FÉLIX *aux Musiciens, dans le fond.*

C'EST ici. N'avancez pas, & jouez un peu fort afin d'être entendus de la dame, sans que les voisins puissent se douter à qui s'adresse cet hommage.

(*Musique.* Air : *Daigne écouter l'Amant fidèle & tendre.* Des deux Jumeaux.)

BAROCO *après l'air.*

Pardi, vlà une fière musique : on peut ben dire que ces Ménetriers-là ne sont pas de la Saint Jean : non.

LE PRINCE *bas à Barogo.*

Tais-toi.

D. FÉLIX *dans le fond.*

Personne ne paroît : approchons.

(*Musique* : Reprise de la fin de l'air.)

(*Il approche de la maison, & apperçoit l'échelle. Il fait un mouvement de surprise, & va aux Musiciens.*)

C'en est assez, retirez-vous.

(*Les Musiciens s'en vont, il descend vers le balcon.*)

Par quel hasard cette échelle se trouve-t-elle là ? Est-ce pour moi ?

BAROGO.

Eh ben, oui.

D. FÉLIX.

Ou quelqu'autre plus heureux m'a-t-il devancé?

BAROGO.

Mais!...

D. FÉLIX.

Pourquoi me donner un rendez-vous. (*Il s'avance du côté opposé au balcon, en riant...*) Peut-être elle est avec le bon Prince, occupée à cimenter un tendre raccommodement.... A la bonne heure, ce n'est pas à son cœur que j'en veux.

BAROGO *bas*.

C'est p'tête à sa bourse.

LE PRINCE *à Barogo*.

Montre-toi, & chasse cet insolent.

BAROGO.

Oui, Monseigneur, & dur.

D. FÉLIX.

N'importe, profitons de l'occasion pour tâcher de nous introduire.

(*Il monte à l'échelle. Quand il est à moitié, Barogo se lève brusquement, & se rencontre presque nez à nez avec D. Félix.*)

BAROGO *avec importance*.

Ah! ah! vous êtes ben hardi. Que demandez-vous t'ici?

BAROGO;

D. FÉLIX *étonné.*

Seigneur....

BAROGO.

N'y a pas de Seigneur qui tienne. Dégargouillez tout subito, ou ben je vais vous bousculer sans dire gare. (*Passant sa jambe sur le balcon.*) Et je te fais avaler ma jambe comme une asperge.

D. FÉLIX.

Oui, je descendrai ; mais si vous êtes assez brave pour me suivre, je vais vous prouver qu'on n'insulte pas impunément un Gentilhomme comme moi.

(*Il descend.*)

BAROGO *bas au Prince.*

Monseigneur, Monseigneur, il veut se battre. Que répondrai-je-t'y ?

LE PRINCE *bas à Barogo.*

Rien, cache-toi.

BAROGO *se baissant.*

Oui, Monseigneur, ça fra pustôt fait.

D. FÉLIX *en bas.*

Eh-bien ! Seigneur Cavalier ?

BAROGO *à part.*

Oh ! ben oui....

D. FÉLIX.

Il est, sans doute, rentré dans l'appartement. La fenêtre est fermée. Ne nous rebutons pas. Il faut ici de l'adresse & de la fermeté.

COMÉDIE.

BAROGO *toujours tapi, mais ayant la tête tournée du côté du Public.*

S'il vouloit quitter sa brette & se gourmer à coups de poing, je suis dans le cas de lui parler, oui.

D. FÉLIX *frappe à la porte.*

Mon parti est pris.

BAROGO *bas toujours, & accroupi.*

Je voudrois bien prendre le mien.

D. FÉLIX *frappe plus fort.*

Oui, j'y suis déterminé.

BAROGO *bas au Prince.*

Il tape comme un sourd, Monseigneur.

LE PRINCE *bas à Barogo.*

Ne bouge pas.

BAROGO.

V'la queuqu'un par ici, tâchons de nous tapir dans cette encoignure.

(*Il se tapit en effet dans le petit coin du balcon du côté du Public. Si bien que Dona Sancha, qui arrive avec précipitation, ne peut le voir. Le Prince se cache. Dona Sancha au balcon.*)

SCENE XI.

LES PRÉCÉDENS, DONA SANCHA.

D. SANCHA.

Qui ose frapper de la sorte ?

D. FÉLIX *s'avançant de dessous le balcon avec fierté.*

Moi.

D. SANCHA.

Que demandez-vous ?

D. FÉLIX.

Dona Éléonore.

D. SANCHA.

Elle est retirée, & ne voit personne à l'heure qu'il est.

D. FÉLIX.

Elle ne reçoit personne ? Et le Cavalier que je viens de voir ? Est-il pour votre compte ?

D. SANCHA.

Qui êtes-vous pour oser me parler sur ce ton ?

D. FÉLIX *avec fierté.*

Don Félix de Cardonne.

D. SANCHA *étonnée.*

Don Félix !

COMÉDIE.

D. FÉLIX.

Dites à votre Maîtresse que je me suis fait un devoir de me rendre à ses ordres, parce que je la croyois digne des soins d'un Cavalier tel que moi ; mais qu'après son lâche procédé, je jure de me venger d'elle & de l'insolent qu'elle ose me préférer.

BAROGO *à part.*

Ahi! ahi ! ahi! ahi!

(Il s'éloigne.)

D. SANCHA *bas.*

Je n'y conçois rien, *(au Prince.)* Monseigneur.

LE PRINCE *bas à D. Sancha.*

Fais le monter.

D. SANCHA *bas au Prince.*

Quoi ?...

LE PRINCE *bas à D. Sancha.*

Je le veux.

(Il se cache.)

D. SANCHA *rappelle Don Félix.*

Seigneur Cavalier. *(Il revient.)* Pardonnez-moi, je n'avois pas l'honneur de vous connoître; mais puisque vous êtes Don Félix, montez en assurance, vous verrez que ma Maîtresse est incapable de manquer à sa parole, & qu'elle vous attend avec impatience.

D. FÉLIX.

Et le Cavalier que j'ai vu, où est-il ?

D. SANCHA.

Soyez tranquille : vos soupçons seront bientôt détruits.

BAROGO.

Encore un !

(Don Félix monte & entre dans l'appartement. Dona Sancha ôte l'échelle, & dit en l'ôtant.)

Il aura sans doute apperçu le Prince à la fenêtre ; allons vite le faire cacher.

(Elle rentre & ferme les croisées.)

BAROGO *se relevant.*

Ils en font monter des régimens. Eh ben, le vlà dedans & moi dehors. Que vais-je-t'y faire ici ?... Monseigneur ?

LE PRINCE, *à la fenêtre.*

Je n'en puis donc plus douter.

BAROGO *suppliant.*

Monseigneur.

LE PRINCE.

Graces au Ciel, me voilà convaincu de sa perfidie.

BAROGO, *même jeu.*

Mon Prince.

LE PRINCE *furieux pousse la fenêtre avec colère.*

Laisse-moi. Va-t-en.

SCENE XII.

BAROGO *seul*

VA-T-EN: c'eſt bentôt dit. Et par-où donc? Elle a emporté l'eſcalier, & me vlà genti, moi. Reſterai-je-t'y ? n'y a pas moyen. Si ſt'eſcogrif qu'eſt là-dedans, revenoit avec ſa grande rapière?... C'eſt un brutal.... Et Monſeigneur qui n'eſt plus là pour me conſeiller! Allons, au riſque de nous caſſer le cou, le plus ſûr eſt de deſcendre ſans eſcailler.... V'la pourtant ce que c'eſt que les hiſtoires & de nuit; on n'y connoît goutte. J'avois ſi ben commencé la journée. Eh ben ! quoi? Si je n'ai rien gagné, je n'ai rien perdu, ça fait quitte.

SCENE XIII.

BAROGO, TROIS VOLEURS.

(*Barogo eſſaye différens moyens de deſcendre, & pendant ce tems, trois voleurs paroiſſent dans le fond du Théâtre & l'obſervent.*)

UN VOLEUR *bas aux autres.*

J'APPERÇOIS quelqu'un à ce balcon qui a l'air de vouloir ſe ſauver. Approchons. (*Ils approchent.*) C'eſt peut-être un bon coup à faire.

(*Barogo monte sur le balcon, & fait mine de vouloir sauter en bas.*)

BAROGO.

C'est trop haut.... Si j'avois ma ceinture, je l'attacherois là, & puis je me laisserois couler tout doucement.

(*Il se remet à cheval sur le balcon, pose un pied sur la corniche d'en bas, & tout le corps en dehors; & avec l'autre pied, il fait comme s'il cherchoit un appui.*

LE VOLEUR *s'approche & prend le pied de Barogo.*

Seigneur.

BAROGO *effrayé, retire son pied, & se tient droit en dehors.*

Ahi! ahi! ahi!

LE VOLEUR.

Attendez, Seigneur, vous pourriez vous blesser; nous allons vous chercher une échelle.

BAROGO *rassuré.*

(*A part.*) Pardi, vlà de braves gens! (*Haut.*) Messieurs, c'est ben poli de vot'part; mais n'y faut pas tant de façons. Je vais me laisser glisser; vous n'aurez tant seulement qu'à me recevoir dans vos bras. Ça y est t'y, Messieurs?

LE VOLEUR.

(*A Barogo.*) Volontiers. (*à ses camarades qui s'approchent*) La bonne prise!

BAROGO *jette son chapeau.*

T'nez, vlà déja le chapeau.

COMÉDIE.

LE VOLEUR *le recevant.*

Bon! (*A part.*) des diamans!

BAROGO *suspendu par les bras, & balançant son corps.*

Allons, y êtes-vous?

LE VOLEUR.

Oui, laissez-vous aller.

BAROGO.

Tenez, vlà le restant...... Ah! (*Il se laisse tomber; deux Voleurs le reçoivent dans leurs bras; il les remercie.*)

Ben obligé, Messieurs, c'est en vous remerciant.

LE VOLEUR.

Il n'y a pas de quoi.

BAROGO *à part.*

Je suis bien aise d'en être quitte à si bon marché; si l'on m'y rattrape.... (*Pendant cet à parté de Barogo, les Voleurs se parlent bas entr'eux.*)

LE VOLEUR *aux autres.*

Il faut l'attirer hors d'ici. (*à Barogo.*) Monseigneur veut-il bien permettre que nous ayons l'honneur de l'accompagner?

BAROGO *avec des politesses.*

Ce n'est pas la peine. Ces Messieurs se promènent & moi t'aussi, je prends l'air tout seul; ainsi faut pas vous déranger pour ça.

LE VOLEUR.

Pardonnez-moi. On prétend qu'il y a des voleurs....

BAROGO,

BAROGO.

Oui, on le dit, mais je suis plus fin qu'eux, moi ; j'ai là un autre habillement que je vais remettre sur celui-ci, qui est trop reluisant voyez-vous....

(*Il va pour prendre son paquet qui est sur le banc.*)

LE VOLEUR.

Vous avez raison. Le plus court est d'en changer tout-à-fait. Nous allons vous aider. C'est l'affaire d'un tour de main.

BAROGO *à part.*

Vlà des valets-de-chambre qui ont ben mauvaise mine !

LE VOLEUR *à part aux autres.*

Dépêchons-nous, de peur d'accident.

(*Deux Voleurs s'approchent brusquement de Barogo.*)

BAROGO *se démenant.*

Non pas, non pas, s'il vous plaît.

LE VOLEUR *aux autres.*

Pas tant de façons, qu'on le déshabille.

(*Les deux Voleurs le prennent au collet.*)

BAROGO *avec humeur.*

Oh ça, Messieurs, ne badinez pas au moins.

LE VOLEUR *le menaçant.*

Si tu bouges, je te brûle la cervelle.

BAROGO *tombe à genoux.*

Ah ! je suis mort !

(*Les Voleurs lui ôtent son juste-au-corps.*)

SCENE

COMÉDIE. 33

SCENE XIV.

D. CÉSAR, LES PRÉCÉDENS.

D. CÉSAR *dans le lointain à des Amis.*

ALLONS, Meſſieurs, il eſt tems de nous retirer.

LE VOLEUR *aux autres.*
On vient par ici, ſauvons-nous.
(*Les trois Voleurs s'en vont avec le chapeau & le juſte au corps.*)

SCENE XV.

BAROGO *ſeul à genoux.*

COMME y courent! Ils ſont déja ben loin. Je ſerois quaſiment tenté de croire que ce ſont des voleurs. (*Il ſe relève.*)

Avec tout ça, ils m'emportent mon chapeau & mon habit. (*Il regarde du côté du banc.*) Ils ont pourtant laiſſé ma ſouguenille, c'eſt toujours autant de moins de pris. Ah! mon Dieu!...

C

SCENE XVI.

BAROGO, D. CÉSAR *dans le fond avec deux amis.*

D. CÉSAR *dans le fond.*

Que vois-je ? Le Prince a sans doute été attaqué.... Voici le moment de rentrer en grace. (*A ses Amis.*) Attendez-moi là.

(*Il s'approche de Barogo, qui va au banc, où il prend son bonnet dès qu'il entend D. César lui parler ; il s'en sert pour se cacher sans affectation.*)

D. CÉSAR *à Barogo de loin.*

Monseigneur !

BAROGO *à part, en lui jettant sa fouguenille.*

Encore un fripon ! Tiens, voilà le reste.

D. CÉSAR.

Je suis à vos ordres.

BAROGO *à part.*

Justement. C'est le Secrétaire du Prince.

D. CÉSAR.

Je vois que vous avez été surpris par des voleurs....

BAROGO *fait signe qu'oui.*

D. CÉSAR.

J'ai des amis avec moi, nous allons courir après.

COMÉDIE.

BAROGO *fait fait signe qu'oui.*
D. CÉSAR.

De quel côté?

BAROGO *fait signe du côté où les Voleurs se sont sauvés.*

D. CÉSAR *met l'épée à la main.*

J'y vole. (*A ses Amis.*) A moi, Messieurs.
(*Il court avec ses Amis du côté que Barogo a indiqué.*)

SCENE XVII.

BAROGO *seul.*

PARDI, ce coquin-là est pourtant un honnête homme. Le plus sûr est de remettre mes propres habits. Je voudrois ben savoir pourquoi c'est qu'il y a comme ça des voleurs dans le monde?....
Quoi?...

(*Quatre Algouazils & l'Exempt paroissent dans le fond.*)

C'est tout simple. Ce sont des paresseux qui voulont faire bonne chère & ne pas travailler....
Oui, mais comment ça finit y? Pas de ça.

SCENE XVIII.

BAROGO, L'EXEMPT, LES ALGUAZILS, LE FRIPIER.

(*Barogo est occupé à chercher dans ses habits, qu'il étale sur le Théâtre, de quoi s'habiller.*)

L'EXEMPT *au Fripier.*

Vous nous avez fait faire là des pas de clerc.

LE FRIPIER.

Ce n'est pas ma faute.... (*Il apperçoit Barogo.*) Eh! mais.... Approchons.... Je crois, ma foi; (*Il examine Barogo.*)

L'EXEMPT *aux Alguazils.*

Il a l'air suspect : il n'y a qu'à l'arrêter. (*à Barogo.*) Bas les armes, de la part du Roi.

BAROGO *effrayé.*

Ah! vlà mes Voleurs revenus!

LE FRIPIER *s'avançant.*

Oui, parbleu; la culotte, la perruque.... C'est lui-même. (*à Barogo brusquement.*) Me reconnoissez-vous?

BAROGO *regardant le Fripier*

Et pardi, sans doute; vous êtes ce Frip....

LE FRIPIER.

Oui, oui, c'est moi. Voilà donc comme vous

m'avez attendu ? Vous aviez vos raisons pour décamper si vite.

BAROGO *fièrement.*

Qu'est que vous me demandez ? N'ai-je-t'y pas payé mon écot ? Est-ce qu'on fait z'attendre ça queuqu'zun de ma façon ?

LE FRIPIER *à l'Exempt.*

Que vous ai-je dit ? Vous voyez bien, il avoue que c'est lui.

L'EXEMPT *à Barogo.*

Allons, en prison.

BAROGO.

Comment, en prison ? Qu'est-ce ça veut donc dire ? je ne suis pas dans le cas de ça, entendez-vous.... Je suis un brave....

L'EXEMPT.

Je crois qu'il veut faire rebellion. Saisissez-le.

BAROGO.

Ah ! si Monseigneur y étoit....

L'EXEMPT.

Quel Monseigneur ?

BAROGO.

Et pardi, Monseigneur le Prin....(*A part.*) Motus. (*Haut.*) Il m'a ben défendu de le nommer, sans ça.... Mais je sais ben où le retrouver.

(*Il regarde au balcon.*)
(*D. Sancha paroît à la fenêtre.*)

Il y a du monde.

BAROGO,

(Un Alguasil va frapper à la porte du Corrégidor, qui se met à sa fenêtre)

BAROGO *appercevant D. Sancha.*

Bon, la vlà.

SCÈNE XIX.

LES PRÉCÉDENS, D. SANCHA, LE CORRÉGIDOR.

BAROGO *à Dona Sancha.*

Dites donc, Mamzelle ?

DONA SANCHA *à Barogo.*

Que voulez-vous ?

LE CORRÉGIDOR *à la fenêtre.*

Qu'eſt ce ?

LE FRIPPIER *au Corrégidor.*

Seigneur, c'eſt ce voleur dont je vous ai parlé.

BAROGO *effrayé.*

Comment, voleur !... Vous en avez menti. C'eſt ben moi qui ſuis le volé ; demandez à tout le monde.

LE CORRÉGIDOR *à l'Exempt.*

Point de raiſons, qu'on l'emmène.

BAROGO *du côté de D. Sancha.*

Mamzelle, ayez pitié de moi. Dites, s'il vous plaît, à le, là.... *(il montre la fenêtre où étoit le*

COMÉDIE.

Prince.) qui est en haut... que des coquins m'ont emporté son bel habit... & qu'en vlà d'autres qui voulont m'entraîner en prison.

D. SANCHA à *l'Exempt.*
Quel est cet homme-là ?

L'EXEMPT à *D. Sancha.*
Vous ne le connoissez pas.

D. SANCHA.
Non, je vous jure.

BAROGO *pleurant, & très-vite.*
Et je vous dis que si, moi. Ne vous ai-je t'y pas vue à ce matin chez Monseigneur?... Suffit, vous savez ben qui p't'ête. Et pis encore tout à st'heure que vous m'avez parlé, lorsque st'aute s'est fâché, & que vous m'avez laissé là tout seul, où c'que des Voleurs m'ont deshabillé. Eh! vous entendez ben à présent. (*A l'Exempt.*) Je vous promets, foi d'honnête homme, que c'est la pure vérité, sur ma conscience.

L'EXEMPT à *Dona Sancha.*
Signora, qu'avez-vous à répondre ?

D. SANCHA.
Que c'est un fou ou un ivrogne, que je ne connois ni ne veux connoître.

BAROGO.
Voyez un peu la malice. (*Il se lève.*) C'est bien traître toujours. (*Au Corrégidor.*) Tenez, Monsieur, je vais vous conter ça au plus clair. D'abord... j'étois là, sur ce banc, elle m'a fait chit, chit, chit,....

BAROGO,

LE CORRÉGIDOR *l'interrompant.*

C'est bon, c'est bon. Vous vous expliquerez demain matin. Qu'on le conduise en prison. Bon soir, je vais me coucher. (*Il ferme sa fenêtre.*)

BAROGO *se désespérant.*

Oh! mon Dieu, mon Dieu, mon Dieu, mon Dieu! Que je suis donc à plaindre!

L'EXEMPT *le fait conduire.*

Allons, marchons, marchons.

BAROGO *à D. Sancha, la menaçant.*

(*Il pleure.*) Allez, Mamzelle. Tu me la payeras, vas.

(*On l'emmène.*)

SCENE XX (1).

LE PRINCE, D. SANCHA *sur le balcon.*

D. SANCHA.

VOILA un impudent drôle. Ils sont éloignés, & Monseigneur peut sortir. (*Elle appelle en dedans.*) Monseigneur, il n'y a plus personne.

LE PRINCE *avançant sur le balcon.*

Qui étoit-ce?

---

(1) Pour la rapidité de l'action, on a jugé à propos de passer ces deux scènes, qui n'ont été jouées qu'à la première représentation.

COMÉDIE.

D. SANCHA *met l'échelle.*

Une espèce de fou que la garde vient d'arrêter.

LE PRINCE *sur le balcon.*

C'en est fait, la conviction de sa perfidie m'a rendu toute ma tranquillité. Mais je suis incapable de lui nuire. Dites-lui que je l'abandonne & lui laisse mes bienfaits.... & mon mépris. C'est ainsi qu'un galant homme trompé doit se venger d'une perfidie. Quant à l'Aventurier Don Félix, je suis curieux de savoir quel est ce personnage.

(*Il descend l'échelle.*)

D. SANCHA

Prenez bien garde, Monseigneur.

LE PRINCE.

Adieu, Sancha; venez me voir, vous n'aurez pas sujet de vous en repentir.

D. SANCHA *retirant l'échelle.*

Oui, Monseigneur.

(*Le Prince s'enveloppe dans son manteau, & s'en va, son épée nue sous le bras.*)

Le bon Prince! Eh bien, il n'y a que ceux-là qui ont le malheur d'être trompés. Le voilà bien persuadé de mon zèle & de ma sincérité, je ne désespère pas de réussir dans mes projets.

SCENE XXI.

DONA SANCHA, DON CÉSAR,
(*Ses deux Amis dans le fond.*)

D. CÉSAR *accourant.*

Je ne le vois pas.

D. SANCHA.

C'est Don César.

D. CÉSAR *regarde au balcon.*

C'est vous, Sancha, où est Monseigneur ?

D. SANCHA *étonnée.*

Monseigneur ?

D. CÉSAR.

Et oui, voilà ses habits, son chapeau.
(*Il va à ses Amis qui portent les effets de Barogo, & les prend.*)

D. SANCHA *à part.*

Le Prince ne veut pas qu'on sache qu'il est à Madrid. Dissimulons.

D. CÉSAR *revenant.*

Répondez-moi donc. Est-il là ?

D. SANCHA.

Est-ce que vous l'avez vu, Monseigneur ?

D. CÉSAR.

Eh ! mais sans doute.

COMÉDIE.

D. SANCHA.

Où donc ?

D. CÉSAR.

Ici, un moment après que des Voleurs l'ont attaqué & se sont enfuis avec ses habits, que je lui rapporte.

D. SANCHA *riant*.

Quoi ? c'est le Prince dépouillé que vous demandez ?

D. CÉSAR *impatienté*.

Eh oui! Monseigneur.

D. SANCHA *riant*.

Eh bien! allez trouver le Corrégidor, il vous en donnera des nouvelles.

D. CÉSAR.

Ah! j'entends, il est allé se plaindre.

D. SANCHA *riant*.

Justement.

D. CÉSAR.

J'y vole. Bon soir, Sancha.

D. SANCHA.

Bon soir, Don César. (*Elle s'en va en riant plus fort.*) Ah! ah! Le voilà bien payé de sa curiosité.

Fin du premier Acte.

ACTE II.

(Le Théâtre repréfente une des Salles d'Audience des Prifons de Madrid. Deux portes fur les deux côtés. A droite (à la vue des Spectateurs) une large cheminée fans trumeau; à gauche, vis-à-vis la cheminée, une table, un fauteuil, devant la table, adoffé à la couliffe; un tabouret au haut de la table. Une écritoire, des plumes, du papier fur la table. Deux bancs à doffier des deux côtés du Théâtre; l'un, de la cheminée à la porte, du côté droit; un autre, de la table à l'autre porte, du côté gauche. Un fauteuil, fur un marche pied de deux marches, au milieu des deux bouts des bancs au haut du Théâtre.

SCENE PREMIERE.

L'EXEMPT *feul, fe promenant.*

C'EST un fingulier original que ce nouveau Corrégidor! J'ai vu ça gratte-papier chez un Notaire; le voilà devenu auffi fier qu'un Officier du Grand Confeil de Caftille. Ah! ah! c'eft lui.

SCENE II.

LE CORRÉGIDOR, L'EXEMPT, LE GREFFIER.

LE CORRÉGIDOR.

Ah! bon jour, Seigneur Exempt.

L'EXEMPT *avec respect affecté.*

Honneur à votre Seigneurie.

(*Le Corrégidor va s'asseoir sur le fauteuil vis-à-vis de la table. Le Greffier se met sur son tabouret. L'Exempt reste debout. Le Corrégidor prend un papier qu'il lit à mesure qu'il interroge l'Exempt.*)

LE CORRÉGIDOR.

Oh ça, Messieurs, vous savez que l'Alcade est un homme juste, mais sévère. Récapitulons, avant qu'il vienne, les opérations de cette nuit. Voyons. (*il lit.*) Rue de Tolède.

L'EXEMPT *répond, le Greffier écrit.*)

Une espèce de duel ou combat singulier entre deux Cavaliers, dont un mort.

LE CORRÉGIDOR.

Bon, l'autre est-il arrêté?

L'EXEMPT.

Non, Seigneur.

LE CORRÉGIDOR.

Faire informer. (*Il lit.*) Rue de Séville?

L'EXEMPT.

Rien, une dispute dans un auberge.

LE CORRÉGIDOR.

Heure indue ?

L'EXEMPT.

Minuit.

LE CORRÉGIDOR.

Bon, à l'amende. (*Il lit.*) Au Prado ?

L'EXEMPT.

Des étourdis ont attaqué la Garde. Un Archer blessé.

LE CORRÉGIDOR.

Bon. Les connoissez-vous ?

L'EXEMPT.

Oui, mais.... (*S'avançant, & à voix basse.*) des fils de....

LE CORRÉGIDOR *l'interrompant*.

Décreté, décreté. (*Il lit.*) Place de l'Infant ?

L'EXEMPT.

La Femme de Chambre de Dona Eléonore.....

LE CORRÉGIDOR.

Eh bien ?

L'EXEMPT.

Arrêtée ce matin.

LE CORRÉGIDOR.

Bon. Et pourquoi ?

L'EXEMPT *lui présente une lettre*.

En voici la raison.

COMÉDIE.

LE CORRÉGIDOR *regarde l'adresse.*

Elle est adressée à l'Alcade.

L'EXEMPT.

Son Excellence m'a envoyé chercher pour me la remettre.

LE CORRÉGIDOR *lit la lettre.*

« Monseigneur, j'ai l'honneur de vous prévenir qu'on m'a volé un écrin de diamans. (*Il s'interrompt & dit:*) C'est bon ça! — Et soustrait de ma cassette plusieurs papiers de conséquence ; mon soupçon ne peut tomber que sur Sancha, ma Femme de Chambre, qui seule avoit mes clefs & ma confiance. J'implore votre Justice, & suis, avec le plus profond respect. ELÉONORE.

(*Il pèse sur la signature comme de ressouvenir.*)

Eléonore! N'est-ce pas une jolie femme, qui?...

L'EXEMPT *s'avançant, & à demi-voix.*

Eh oui! C'est celle que le Prince d'Oresca....

LE CORRÉGIDOR *ricannant.*

Ah! ah! C'est bon. A propos, le voleur qu'on a arrêté sous mes fenêtres avoit l'air de connoître cette Femme de Chambre.

L'EXEMPT.

Oui, mais elle a nié fortement....

LE CORRÉGIDOR *l'interrompt.*

Elle a nié? ça ne suffit pas. Complice, complice. Il faudra les confronter.

(*Il regarde le papier.*)

Voilà tout ?

L'EXEMPT.

Oui, Seigneur.

LE CORRÉGIDOR à l'Exempt.

Faites monter le Frippier & cet homme.

L'EXEMPT *ouvre la porte à droite, à la vue du Public, & revient.*

LE CORRÉGIDOR à l'Exempt.

Qu'y a-t-il?

L'EXEMPT.

Don César, Secrétaire du Prince d'Orefca.

LE CORRÉGIDOR.

Son Altesse l'envoie, sans doute, pour l'affaire d'Eléonore? qu'il entre.

(*L'Exempt fait entrer Don César & sort.*)

SCENE III.

LE CORRÉGIDOR, LE GREFFIER.
D. CÉSAR *portant les habits de Barogo.*

D. CÉSAR.

Seigneur, ne vous ayant pas trouvé chez vous, je viens....

LE CORRÉGIDOR.

Je sais, je sais. Je suis toujours aux ordres de son Altesse.

D. CÉSAR.

COMÉDIE. 49

D. CÉSAR.

Nous n'avons pu arrêter les Voleurs.

LE CORRÉGIDOR *riant*.

Oh! ils sont pris.

D. CÉSAR.

Mais voilà l'habit, le chapeau & le cordon.

LE CORRÉGIDOR.

De qui?

D. CÉSAR.

Du Prince....

LE CORRÉGIDOR.

Eh bien?

D. CÉSAR.

Que je lui apporte. Où est-il?

LE CORRÉGIDOR *étonné*.

Qui donc?

D. CÉSAR.

Le Prince.

LE CORRÉGIDOR.

Quel Prince?

D. CÉSAR *surpris*.

Comment?

LE CORRÉGIDOR.

Que voulez-vous dire?

D. CÉSAR *appuyant*.

Je veux dire que j'apporte à Monseigneur cet habit, ce chapeau & ce cordon, que j'ai arra-

D

ché des mains des Voleurs qui l'ont arrêté.
(*Il pose les habits sur la table.*)

LE CORRÉGIDOR *étonné.*

Le Prince a été arrêté ?...

D. CÉSAR.

Vous le savez bien, puisqu'il est allé chez vous porter sa plainte.

LE CORRÉGIDOR *vivement.*

Moi, j'ai vu le Prince d'Orefca ?

D. CÉSAR.

Oui, sans doute, hier au soir après son accident, & c'est Dona Sancha....

LE CORRÉGIDOR.

Oh! vous connoissez Dona Sancha ?

D. CÉSAR.

C'est elle qui m'a averti que le Prince étoit chez vous. Ne vous y ayant trouvé ni l'un ni l'autre, je suis allé à son Hôtel. On l'a dit absent. C'est pourquoi je viens savoir de vous où il peut être.

LE CORRÉGIDOR *à part.*

Il y a quelque chose là-dessous. (*Haut, à Don César.*) Seigneur Don César, expliquons-nous un peu. Où le Prince a-t-il été attaqué ?

D. CÉSAR.

Tout près de chez vous, sous les fenêtres de Dona Eléonore.

LE CORRÉGIDOR *vivement.*

Quand ?

COMÉDIE.

D. CÉSAR *impatienté*.

Encore! Je vous l'ai dit, hier au soir vers minuit.

LE CORRÉGIDOR *fâché*.

Cela est faux. Je n'ai rien entendu, rien vu..... si ce n'est un homme en chemise qui se disoit volé. Mais,....

D. CÉSAR *appuyant de plus en plus*.

C'est cela même.

LE CORRÉGIDOR *stupéfait*.

Comment ?

D. CÉSAR.

C'étoit le Prince.

LE CORRÉGIDOR *vivement*.

Le Prince ! Cela ne se peut pas, car je l'ai envoyé en prison.

D. CÉSAR *surpris s'écrie:*

En prison ! quelle extravagance ! quand je vous dis que c'étoit lui. Vous ne le connoissez donc pas ?

LE CORRÉGIDOR.

Non ; mais lui auroit dû se faire connoître.

D. CÉSAR.

Point du tout: Il avoit ses raisons, sur-tout devant la maison d'Eléonore.

LE CORRÉGIDOR.

Quoi ! Sérieusement vous croyez....

D. CÉSAR.

Si je le crois! j'en suis sûr, très-sûr. Je lui ai parlé.

LE CORRÉGIDOR *effrayé*.

Est-il possible! (*Il se lève.*) Ah! mon Dieu! mon Dieu! qu'est-ce que j'ai fait là? Il doit être furieux.

D. CÉSAR.

Où est-il?

LE CORRÉGIDOR *troublé*.

Ici. C'est cet Exempt maladroit. — Je n'en reviens pas. — Quoi! c'est le Prince qui. — C'est incroyable! il ne me le pardonnera jamais. Et ce malheureux Frippier! — Il semble que j'avais un pressentiment. Je le lui ai dit. Ah! le voici.

SCENE IV.

LE CORRÉGIDOR, LE GREFFIER, D. CESAR, D. LAZARILLE.

LE CORREGIDOR *fâché à Lazarille*.

Approchez, Monsieur, approchez. Eh bien! vous avez fait de belles affaires.

LE FRIPPIER.

C'est mon métier. J'en fais autant qu'il m'est possible.

COMÉDIE.

LE CORREGIDOR.

Je vous conseille de plaisanter.

LE FRIPPIER.

Pourquoi non ?

LE CORREGIDOR *lui montre les habits.*

Reconnoissez-vous ces effets ?

LE FRIPPIER.

Oui, sans doute. Ce sont les mêmes que ce Voleur....

LE CORREGIDOR.

Parlez avec plus de respect.

LE FRIPPIER.

Je ne crois pas vous en manquer.

LE CORREGIDOR.

Non pas à moi ; mais à la personne à qui ils appartiennent.

LE FRIPPIER *surpris.*

Comment donc ?

LE CORREGIDOR.

Je vous avois prévenu d'avance sur l'imprudence de votre démarche. (*bas à Don César.*) Faites-moi le plaisir de faire venir l'Huissier.

(*D. César va pour sortir par la porte par où il est entré. Le Corrégidor l'arrête & lui montre l'autre porte à gauche.*)

LE CORREGIDOR.

De l'autre côté à l'Audience.

(*D. César sort.*)

LE FRIPPIER, *qui a encore examiné l'habit pendant l'a parté du Corrégidor.*

(*A part.*) C'est cela même. (*Haut.*) Que voulez-vous donc dire ?

LE CORREGIDOR.

Je veux dire que celui que vous avez pris, & que vous avez fait prendre pour un voleur, est un homme de la première qualité; que je lui dois réparation, & que....

LE FRIPPIER.

Est-ce ma faute à moi ? De quoi s'avise-t-il de vendre lui-même ses habits ? Est-ce son métier ?

LE CORREGIDOR.

Vous n'en serez pas quitte pour une mauvaise plaisanterie.

LE FRIPPIER.

Ma foi, c'est votre affaire. Pourquoi le preniez-vous ? Je m'en lave les mains.

(*Il veut s'en aller.*)

LE CORREGIDOR *l'arrête.*

Oh! vous ne sortirez pas. A moi, Greffier.
(*Le Greffier se lève, &, avec le Corrégidor, ils arrêtent le Frippier.*)

LE GREFFIER *courant au Frippier.*

Qu'est-ce que c'est ? restez-là Monsieur.

LE FRIPPIER.

Où diable me suis-je fourré !

SCENE V.

LE CORRÉGIDOR, L'HUISSIER *tenant le Frippier*, BAROGO.

(*Barogo entre par la droite avec son habit de Ramonneur, ayant la culotte de l'habit du Prince & sa perruque. Il apperçoit les autres, qui ne le voient pas.*)

BAROGO.

Oh! mon Dieu! c'est la Justice.
(*On ferme en dehors la porte par où il est entré, ce bruit fait regarder le Corrégidor de ce côté; il laisse le Frippier.*)

LE CORREGIDOR *à part.*
Le voilà! c'est lui-même. Il a l'air indigné.

BAROGO.
(*Il ne voit le Frippier que par derrière, & le prend pour M. Grimpant.*)

Ahi! ahi! ahi! Et cet autre, ne seroit-ce-t'y pas?....

LE CORREGIDOR *s'avançant très-humblement.*

Ah! Monseigneur.... (*Jeu muet de Barogo.*) Je vous supplie d'excuser l'erreur qu'un excès de zèle pour son devoir, & la sûreté publique, a fait commettre à l'Exempt qui a eu l'audace de vous arrêter.

BAROGO,

BAROGO *à part, relevant sa fouguenille.*

Ouais! est-ce que je rêve? ou si ce n'est qu'un songe?

LE CORREGIDOR.

Si Monseigneur avoit daigné se nommer, il doit être très-persuadé que nous sommes trop pénétrés du respect que l'on doit à son Altesse pour y manquer.

BAROGO *à part.*

Quoi que ça veut donc dire? de Voleux me v'là redevenu Altesse.

LE FRIPPIER *se jette aux genoux de Barogo.*

Monseigneur, je vous demande pardon si....

BAROGO *à part.*

Ah! c'est ce coquin qui m'a fait prendre.

LE FRIPPIER *suppliant.*

Monseigneur....

BAROGO *lui fait signe de se relever.*

LE CORREGIDOR *au Frippier.*

Paix. Qu'on habille Monseigneur.

LE FRIPPIER *courant prendre l'habit.*

Oh! tout de suite.

BAROGO *à part.*

Passe pour ça donc.

(On le r'habille. Au Frippier pour l'empêcher de le regarder.

Je ne veux pas que tu regardes, insolent.

LE FRIPPIER *à part.*

M'en voilà quitte, Dieu-merci!

COMÉDIE.

BAROGO *gai, à part.*

Ah! ah! me v'là encore une fois calé; mais y faut que ça dure.

LE CORRÉGIDOR.

Ah! Monseigneur, quelle bonté d'oublier cette malheureuse aventure.

BAROGO *à part.*

Oui. Pourvu que les autres ne s'en souviennent pas.

LE CORRÉGIDOR.

Qu'on fasse avertir les gens de Monseigneur.

BAROGO *fait signe que non.*

LE CORRÉGIDOR.

Qu'on aille donc chercher une voiture pour son Altesse.

BAROGO, *même jeu.*

LE CORRÉGIDOR *à Barogo.*

Don. César est ici, il aura l'honneur de vous accompagner.

BAROGO *effrayé, à part.*

Don. César! Eh vite, déboulons de peur d'accident.

(*Il va pour sortir par la porte à gauche, on lui montre la porte à droite.*)

LE FRIPPIER.

(*Il va pour ouvrir la porte.*)

(*Comme Barogo va pour sortir, D. César revient par la porte à gauche. Le Corrégidor va à lui & lui dit:*

SCENE VI.

LE CORRÉGIDOR, D. CÉSAR, BAROGO, LE FRIPPIER, LE GREFFIER.

LE CORRÉGIDOR à *D. César.*

TENEZ, voilà le Prince qui veut bien pardonner.
D. CÉSAR *à Barogo, qui lui tourne le dos.*
Ah! Monseigneur!
BAROGO *effrayé s'avance sur le devant du Théâtre.*
C'est le diable.
   D. CÉSAR *le suivant.*
J'étois fort en peine.
   BAROGO *à part.*
Et moi aussi.
D. CESAR *s'avance, voit Barogo de côté, l'examine,*
    & dit:
Eh mais.... me trompai-je? Non.
(Il descend tout-à-fait, & voit le visage de Barogo.)
Ce n'est pas-là le Prince.
LE CORRÉGIDOR, *le Frippier, & le Greffier*
   s'avancent.
   BAROGO *à part.*
Me v'là fait.

COMÉDIE.

D. CÉSAR *appuyant.*

Ce n'est pas lui.

LE CORRÉGIDOR, *le Frippier, le Greffier, ensemble.*

Quoi!

D. CÉSAR.

Ce sont ses habits, son Ordre, mais encore une fois soyez sûrs que ce n'est pas lui.

LE CORRÉGIDOR *en colère.*

Comment! comment! (*à Barogo.*) Malheureux! je te ferai pendre.

BAROGO *tout tremblant.*

Eh mais, mon Dieu! quel malheur ai-je t'y donc fait? J'ai t'été volé par des voleurs; j'ai t'été deshabillé & reshabillé par des coquins, j'ai t'été emprisonné & désemprisonné par des.... je ne sais pas qui. Y a-t'y de ma faute à tout-ça, là? Suis-je t'y donc le jouet de tout z'un chacun, comme la girouette de la Cathédrale de notre village?

LE CORRÉGIDOR.

L'impudent! avoir l'audace de recevoir tranquillement nos respects & nos excuses!

BAROGO *s'échauffant.*

Est-ce que vous vouliez que je me fâchisse donc? Vous me faisiez des politesses, il falloit ben que je parussisse honnête. Vous m'avez rendu mes habits, c'étoit juste, n'y a pas là de quoi s'effaroucher p't'ête?

LE CORRÉGIDOR.

Réponds, coquin. Où as-tu pris ces habits?

BAROGO.

Comment pris! Ça n'eſt pas vrai, ſauf vot'reſpect; ou ben ſi fait. Je les ai ben pris, ſi vous voulez, mais ce n'étoit pas pour les prendre, piſqu'on me les a donnés.

LE CORRÉGIDOR.

Eh! qui te les a donnés?

BAROGO.

Qui? Eh pardi! c'eſt Monſeigneur le Prince d'Oreſca.

D. CÉSAR.

Le Prince t'a donné ces habits? impoſteur!

BAROGO.

Oh! pour ça non. Je ne ſuis pas dans le cas d'impoſturer. Si ben, je les avois pris d'abord pour les eſſayer, & avoir un tantinet la frime du Prince; & comme Monſeigneur m'avoit tout de d'même pris les miens, afin de ſavoir ben des ſecrets que d'autres ne vouliont pas qu'y ſuſſit, & qu'il a ſu dà, au moyen de l'aviſement qu'il a t'u de ſe déguiſer. Il m'a donc rendu mes habits; & puis après, par manière de galantiſe, il m'a donné les ſiens, que j'avois mis en place des miens, lorſqu'il avoit pris les miens, pendant que j'avois pris les ſiens.... Et voilà tout fin dret la vérité de l'hiſtoire.

LE CORRÉGIDOR.

Je ne comprends rien à tout ce galimathias.

D. CÉSAR *au Corrégidor.*

Laiſſez-moi faire, je vais l'interroger.

COMÉDIE.

BAROGO *à part.*

Oh ben! oui, y croit p't'ête me faire peur.

D. CÉSAR *à Barogo d'un ton important.*

Ecoute, mon ami, le plus court est d'être sincère.

BAROGO *à D. César.*

Oui, comme vous, n'est-ce pas?

D. CÉSAR.

Tu dis donc que le Prince t'a donné ces habits?

BAROGO.

Pourquoi pas? Est-ce qu'il n'est pas le maître de son bien?

D. CÉSAR.

Sais-tu que j'ai l'honneur de connoître le Prince?

BAROGO.

Oh! c'est vrai ça! mais en revanche il vous connoît ben aussi.

D. CÉSAR.

Comment?

BAROGO *s'approchant de lui.*

Et l'histoire des deux cents piastres. Eh? avec Mamselle, j'embrasse, au pié de la lettre.

D. CÉSAR.

Ce drôle m'intrigue. (*à Barogo.*) Tais-toi.

LE CORRÉGIDOR *à D. César.*

Eh! Que dit il?

D. CÉSAR *à demi-voix au Corrégidor, mais cependant de façon que Barogo, qui allonge la tête, puisse l'entendre.*

Ma foi, Seigneur, je crois qu'il est moins fripon que bête.

BAROGO,

BAROGO à D. César.

V'là tout juste la différence qu'est entre nous deux.

D. CÉSAR vivement au Corrégidor.

Je vais rendre compte au Prince de tout ceci ; j'aurai l'honneur de vous voir.

(On entend une cloche.)

LE CORRÉGIDOR.

Ah ! voilà l'heure de l'Audience de l'Alcade : je vais au Tribunal.

D. CÉSAR à part, au Corrégidor.

Ne le laissez pas échapper.

LE CORRÉGIDOR à D. César.

Ne craignez rien.

(D. César sort à droite.) (Au Greffier.)

Allons, nous reviendrons après pour faire en forme toutes les interrogations.

(Ils sortent par la porte à gauche.)

BAROGO seul.

Quoi qu'y veut donc dire avec ses rogations ? Ce que c'est pourtant que ces Messieurs de la Justice ! Comme pour un rien ils vous font des embrouillamini ! Par exempe, tenez, v'là mon histoire, y a rien de pus simpe que ça dans le monde ; eh ben ! je parie que ça ne finira p't'ête pas d'un gros quart d'heure.... p't'ête pas de toute la matinée ; & v'là ma journée perdue. Qu'est-ce qui me la paiera ? Bah ! c'est ben là le cas de dire qu'on

COMÉDIE. 63

fait ben quand on y entre ; mais que ce n'est que quand on en est dehors, qu'on peut savoir quand c'est qu'on en sortira. Ah ! mon Dieu ! qu'on est à plaindre quand on est malheureux !

SCENE VII.

BAROGO, POSTICHI.

POSTICHI *entre par la droite.*

(*A part.*)

C'EST ouna chose incroyabile, que je ne posse pas trovar, dans toutes les prisons de la ville oun galant homme qui veuille me fournir la remonta qui me fait bisogna.

BAROGO *le regarde de côté.*

C'est ce chien de Dentis.... Il n'y manquoit plus que lui.

POSTICHI *s'avançant de l'autre côté.*

Je donnerai viginti lovitgi d'ore per ne pas manquer une opération qué mé po far le piou grand honoré & mi rendre à moi piou que cinq cens piastres.

BAROGO *à part.*

C'est ben friand ça !

POSTICHI *à part.*

Eh ! punto ! aucun ne consent à s'en laisser arracher ouna.

BAROGO *à part.*

Ils ont grand tort.

POSTICHI *regarde Barogo.*

Cet homme ici il sera peut-être piou raisonnable.

BAROGO *à part.*

Y me guigne. Gageons qu'il en veut à ma mâchoire.

POSTICHI *à part.*

C'est sta voleur qu'on a arrêté queste noché.

BAROGO *à part.*

Va! il n'a qu'à venir, son compte est bon.

POSTICHI *à part.*

Il faut l'amadouer. (*Haut à Barogo allant à lui.*) Ah! caro! carissimo! Votre accidente....

BAROGO *à part.*

Que dit-il?

POSTICHI.

Je sais l'accident qui vous est survenou, j'en souis désesperé.

BAROGO *à part.*

Voyez-vous ça?

POSTICHI.

C'est ouna grande injusticia, & je viens per vous offrir ma protectioné.

BAROGO *à part.*

La protection d'un arracheur de dents!

POSTICHI.

Tout le monde sait que Sa Majesté, le Roi, il m'honore de sa confiance, &....

BAROGO

COMÉDIE.

BAROGO *à part.*

Vous verrez qu'ils sont cousins germains.

POSTICHI.

Je suis très-lié avec Monseigneur l'Alcade. Je n'ai qu'ouna parole à dire per vi far rendre la liberta.

BAROGO *à part.*

Comme je te crois !

POSTICHI.

Ma per mi déterminer à vi servir, il faut me montrer d'abord si vos dents....

BAROGO *s'éloignant.*

L'y v'là !

POSTICHI.

Faut pas vous épouvanter, perche pourquoi je ne veux vous far aucun mal, ni même vous toucher sans....

BAROGO *à part.*

Je l'espère ben.

POSTICHI *s'approchant.*

Je ne veux qu'examiner.

BAROGO *le repoussant.*

Pas de ça.

POSTICHI *se reculant.*

Eh bien ! tant loin que vous voudrez. Ayez tant seulement la complaisance d'ouvrir un poer vostra bocca.

BAROGO *à part.*

Qu'est-ce que je risque, s'y n'y touche pas ?

(*Il lui fait la grimace en lui montrant les dents.*)

E

BAROGO,

POSTICHI s'écrie:

La souperba dentoura! (*Il s'approche.*) Ah! mio amigo! vous êtes trop fortouné. Monseigneur le Viceroi de Catalogna si fa bisogna de deux machelières.

BAROGO à part.

Oui. Eh ben, je les lui souhaite.

POSTICHI

Vous pouvez lui rendre le piou grand servicie.

BAROGO à part.

Oui dà!

POSTICHI.

Et en revanche, je souis persouadé qu'il vous fera avoir vostra grazzia.

BAROGO.

En vérité?

POSTICHI.

Certenamente, & que vous serez satisfaito de sa générosité.

BAROGO à part.

Quel endormeur!

POSTICHI *tirant sa bourse.*

Faut pas ménager.... (*Haut.*) Vous voyez questa borsa, je vous l'offre, prenez.

BAROGO à part.

C'est le fion ça!

POSTICHI *levant son davier, lui présente un tabouret.*

Mettez-vous là, & presto.

COMÉDIE.

BAROGO *tenant sa mâchoire.*

Pourquoi donc faire!

POSTICHI.

Préfentement nous n'en arracherons que doux.

BAROGO *tenant toujours sa mâchoire.*

Rien que ça! Bon!

POSTICHI *entortillant son davier de son mouchoir.*

Ou bien les quatre ; c'est à votre volonté.

BAROGO.

Et pourquoi pas toute la mâchoire?

POSTICHI *s'approche, Barogo recule.*

Si vous voulez, moi, ça m'est égal. Allons presto, per quoi l'on m'attend per opérer un Grand Seigneur.

BAROGO *riant à demi.*

Le Prince d'Orefca peut-être. (*Il rit tout-à-fait.*)

POSTICHI.

Comment donc! Est-ce que vous me plaifantez?

BAROGO *riant.*

Ah! c'est vrai ça!

POSTICHI.

Vous êtes un infolent... Je vais en porter plainte.

BAROGO *à part.*

Il n'emportera pas mes dents toujours.

POSTICHI *défaifant son mouchoir du davier.*

Mi far perdre mon tempo, manquer de refpect à un homme de mio talent! de ma qualité!

68 BAROGO,

BAROGO à part.

C'eſt ben dommage !

POSTICHI le menaçant.

Dans un moment vous entendrez parler del Signor poſtichi. (Il ſort en colère.)

BAROGO ſeul. Il rit en le regardant aller.

Adieu donc, Seigneur Pot-aux-Choux. Qu'eſt-ce qu'y peut me faire ? Eſt-ce qu'il a le droit de faire pendre les ceux qui ne voulons pas ſe laiſſer démantibuler la mâchoire ? Ces autres ne revenont pas, & je n'ai rien mangé d'hier ni d'aujourd'hui, que c'te taſſe de Choco & c'te chopine. Je ſerois quaſi tenté de croire que c'eſt ça qui m'a porté malheur. Je me ſens d'un appétit qu'eſt d'enragé. (On entend Sancha qui parle derrière le Théâtre.)

D. SANCHA derrière le Théâtre.

Non. Je veux attendre Monſeigneur l'Alcade à ſon paſſage.

(Elle entre par la porte à droite, & va s'aſſeoir ſur le tabouret du Greffier, près de la table, ſur laquelle elle s'appuie, ſon mouchoir à la main.

SCENE VIII.

DONA SANCHA, BAROGO.

BAROGO *l'examinant.*

Eh ! mais je dis.... C'est toute la tournure de celle-là qui n'a pas voulu.... (*Elle regarde Barogo.*) Bah ! c'est m'am'selle Sancha. Elle pleure ! ça me fait de la compassion. Faut pas être rancuneux. Tâchons de la consoler. (*Il s'approche.*) Mam'selle...

D. SANCHA *le reconnoît.*

C'est vous, mon ami ?

BAROGO *à part.*

Mon ami ! comme c'est doux ! (*à Sancha.*) Ah ! ah ! Vous me reconnoissez donc à st'heure ?

D. SANCHA.

N'êtes-vous pas ce Ramonneur que le Prince d'Orefca....

BAROGO.

Diable ! Pourquoi donc est-ce que vous m'avez méconnessu à hier au soir, que je vous ai demandé l'honneur de votre assistance ?

D. SANCHA.

A moi ?

BAROGO.

Oui, à vous, que vous étiez au balcon de votre

fenêtre au moment tout juste qu'y m'ont arrêté par force.

D. SANCHA.

Quoi ! c'étoit vous ?

BAROGO.

Je m'en vante.

D. SANCHA.

Ce n'eft pas ma faute. Le défordre de votre ajuftement....

BAROGO.

Oh ! y m'ont ben tout rendu en confcience, n'y a que la clef des champs qu'ils ont gardé ; mais il faudra ben qu'ils me la rendent tout de d'même. Et vous Mam'felle, ne puis-je t'y pas favoir, fans vous commander dà ! Pourquoi t'eft-ce qu'on vous a mis t'en cage ? Ça ne convient guère à une perfonne qui eft de votre qualité au moins !

D. SANCHA.

C'eft ma Maîtreffe. La malheureufe ! elle m'a fait arrêter.

BAROGO.

Ouiche ! Vous v'là donc auffi tombée dans le margouillis de la Juftice ? Mais vous n'avez pas tant fujet de vous chagriner le cœur. N'y a pas de fi grands arrias dont une fille qu'eft jolie ne puiffe fe défembarlificoter au moyen de.... Eh ben ! quoi ! chacun fait ce qui peut. N'y a pas de mal à ça.

D. SANCHA.

J'ai fait avertir le Prince d'Orefca, mais je crains qu'il ne foit abfent, ou qu'on n'ait pas fait ma commiffion.

COMÉDIE.

BAROGO.

N'y a que ça qui vous embarrasse ? Pardi, c'est grand chose ! Ne me v'la t'y pas tout porté moi ? Je la ferai vot'commission. Vous n'avez tant-seulement qu'à m'ordonner.

DONA SANCHA *se levant.*

Ah ! mon ami, quelle obligation !

BAROGO.

Ne vous dérangez-pas. C'est z'un rien. Je vous ferai votre commission *gratis*.

D. SANCHA.

Eh ! mais vous ne songez pas que vous êtes en prison. Comment sortir ?

BAROGO.

Comment ? C'est ben aisé. Et la cheminée donc ? c'est mon métier.

D. SANCHA

Et pourquoi ne vous êtes-vous pas déjà sauvé ?

BAROGO.

Pourquoi ? dà ! Ils auroient dit que j'étois coupable, puisque je m'échappissois. Mais d'abord que c'est pour rendre un bon service, ça se doit. Et puis ne reviendrai-je t'y pas vous rapporter la réponse ? Vous voyez ben que quand je serai eune fois de retour, ça sera tout comme si je n'étois pas sorti.

D. SANCHA.

Eh bien ! mon cher ami, puisque vous voulez avoir cette bonté, allez vite chez le Prince. Vous lui direz....

BAROGO,

BAROGO *va à la cheminée & revient.*

Eh! oui, qu'y n'a qu'à se rendre en prison tout de suite, que vous l'attendez en toute diligence, quoi?

D. SANCHA.

Non. Il suffira qu'il écrive deux mots.

BAROGO *sans l'écouter.*

Ça me fripera toute ma belle dorure. Mais comme c'est pour Monseigneur, & qu'il aime les bonnes œuvres, je suis sûr qu'il n'y aura rien de perdu. Quittons notre habit, ce sera autant d'épargné.

(*Il ôte son habit.*)

Prêtez-moi tant-seulement votre mouchoir. Comme ça sent bon la géroflée! Pardi, Mam'selle, vous avez là de fier linge. Voudriez-vous ben, si c'est un effet de votre part, de m'attacher ce mouchoir. Prenez garde à la queue.

(*Elle met le mouchoir blanc sur la perruque de Barogo.*)

Bon! (*Il revient.*) A propos, Mam'selle, êtes-vous ben sûre que vous n'avez pas de tort?

D. SANCHA.

Non, mon ami.

BAROGO.

Il prend le tabouret, qu'il met au milieu de la cheminée bien avant.)

Car, sans ça, bernique. Faut aider les honnêtes gens, c'est juste; mais quant à ce qui est des fripons, pas de miséricorde d'abord.... Ils ont gardé ma gratoire.... Eh mais! que je suis bête! qu'en

COMÉDIE. 73

ai-je-t'y besoin? ce n'est pas pour un ramonage. (*Il monte sur le tabouret & dit:*) Bon! (*Il monte un peu dans la cheminée, & dit:*) Mam'selle, me v'là dedans.

D. SANCHA *à la cheminée.*

Doucement, de peur de vous blesser.

BAROGO *en dedans de la cheminée.*

Bah! ça va tout seul. (*Il crie.*) Otez le tabouret.

D. SANCHA *reporte le tabouret à sa place, & s'assied dessus.*

Je mourrois de chagrin s'il me falloit coucher dans une prison. Pourvu que le Prince ne soit pas retourné à l'Escurial! On a beau avoir le bon droit de son côté, la protection....

(*Le Prince entre par la porte à droite. Il a un très-grand manteau noir, un chapeau rabattu. Il s'avance vers D. Sancha.*)

SCENE IX.
LE PRINCE, DONA SANCHA.

LE PRINCE,

(*Il regarde de tous les côtés.*)

Sancha!

D. SANCHA *se lève avec promptitude.*

Ah! Monseigneur!

LE PRINCE.

Doucement! je ne veux pas être connu.

D. SANCHA *tremblante de joie, à demi voix.*

Ah! mon Prince, quelle bonté!

LE PRINCE.

J'ai reçu votre message. Mais je ne m'intéresse pour personne, sans m'être assuré par moi-même des faits. C'est le seul moyen de ne pas solliciter une injustice. Dites-moi en deux mots ce dont il s'agit.

D. SANCHA.

Don Félix n'est sorti de la maison qu'au point du jour.

LE PRINCE.

Je le sais. Gusman l'a reconnu. Vous aviez raison. C'est un aventurier. Après.

D. SANCHA.

Dès que ma Maîtresse a sonné, je suis entrée chez elle, & je lui ai dit (suivant vos ordres) que vous ne voulez plus la revoir. Elle s'est mise dans une colère épouvantable, & a passé dans son cabinet, d'où elle est sortie un instant après, comme une furie, en me disant que j'avois enlevé des lettres de sa cassette.... Ce sont celles que j'ai remises à Monseigneur.

LE PRINCE.

Continuez.

D. SANCHA.

Et pour se venger, sans doute, elle a eu la noirceur de m'accuser d'avoir volé l'écrin de diamans que vous lui avez envoyé le jour de sa fête.

COMÉDIE.

LE PRINCE.

Eh bien ?

D. SANCHA.

Après m'avoir accablée des reproches les plus sanglans, elle m'a enfermée dans sa chambre, d'où je ne suis sortie qu'avec l'Exempt qui m'a conduite ici. Voilà, Monseigneur, l'exacte vérité.

LE PRINCE.

Il est cruel, sans doute, d'être accusé d'un crime qu'on n'a point à se reprocher; mais, au moins, convenez que vous méritez l'inquiétude que vous éprouvez en ce moment.

D. SANCHA *interdite*.

Comment, Monseigneur ?

LE PRINCE.

Rien ne peut excuser un abus de confiance. Eléonore étoit votre Maîtresse; si sa conduite, à mon égard, répugnoit à votre délicatesse, il falloit la quitter & m'avertir ensuite. Mais tant que vous lui avez appartenu, ses secrets devoient être sacrés pour vous. Devez-vous être étonnée qu'elle cherche à se venger ?

D. SANCHA.

Quelle affreuse vengeance !

LE PRINCE.

Une femme offensée ne sait point la mesurer. Quant à moi, j'ignorois sa perfidie, mais je m'y attendois. Quoi qu'il en soit, le service que vous m'avez rendu ne vous sera pas inutile, je vous protégerai.

D. SANCHA *rassurée.*

Ah! Monseigneur!

LE PRINCE.

Ecoutez, souvenez-vous que je ne suis qu'un homme de loi qui vient vous aider de ses conseils. Voilà tout.

D. SANCHA.

Quoi! Votre Altesse s'abaisseroit?....

LE PRINCE.

Qu'osez-vous dire? L'honneur de défendre les innocens est plus grand à mes yeux que celui de commander.

D. SANCHA *lui baisant la main.*

Ah! mon Prince! Qu'Eléonore est coupable!

SCENE X.

LES PRÉCÉDENS, LE CORRÉGIDOR, LE GREFFIER, L'HUISSIER, L'EXEMPT.

LE CORRÉGIDOR.

(*Il entre & va s'asseoir à sa table. Le Greffier se met sur son tabouret. Sancha & le Prince ont le dos tourné à la cheminée, & regardent la table.*

L'ALCADE est parti pour la Cour. Allons, il faut procéder aux dépositions. (*Il regarde de tous les côtés.*) Où donc est le voleur? Eh bien! est-ce qu'il est devenu invisible?

L'EXEMPT.

Il étoit ici, & n'a pu sortir par-là, (*montrant la porte à gauche*) l'Huissier y étoit; ni par ici, (*montrant la porte à droite*) car j'y étois; j'ai bien vu entrer cette jeune fille & l'Homme de Loi, mais personne n'est sorti.

LE CORRÉGIDOR.

C'est bon, on lui fera son procès comme contumace, & aux galères. (*Il regarde Sancha.*) C'est vous qui êtes Sancha, Femme de Chambre de Dona Éléonore. (*Elle fait signe qu'oui avec respect.*) Le fait est grave. Vol domestique.

LE PRINCE.

Il n'y a pas de preuves.

LE CORRÉGIDOR.

Bah! bah! La déclaration de la Maitresse suffit. Ce n'est pas à elle à établir la vérité de son accusation, c'est à sa domestique à justifier de son innocence.

LE PRINCE.

Mais il faut savoir si la naissance, l'état & la conduite de la Maitresse sont dignes de cette préférence, que vous lui accordez trop légèrement.

LE CORRÉGIDOR.

Eh! mais, Seigneur licentié, on ne raisonne pas ici.

LE PRINCE.

Je le vois bien.

BAROCO,

LE CORRÉGIDOR.

Allons, pour terminer, il faudra informer plus amplement. En attendant l'accusée gardera prison.

D. SANCHA *au Corrégidor.*

Ah! Seigneur!....

LE PRINCE *à D. Sancha.*

Taisez-vous. (*Au Corrégidor.*) Et si elle est innocente, qui la dédommagera de la perte de sa liberté & de la peine que vous lui infligez d'avance. (*Il s'échauffe.*) Il n'y a qu'une prompte justice qui puisse compenser cette rigueur, que la Loi paroît autoriser. Il faut donc faire venir sur le champ sa Maîtresse : car je juge à propos de....

LE CORRÉGIDOR.

Homme de loi, plaidez & ne jugez pas.

LE PRINCE *noblement.*

Corrégidor, informez & ne prononcez pas. Sachez que j'ai le droit....

LE CORRÉGIDOR *s'emportant & se levant.*

De vous taire. Or donc, j'ordonne....

(*On entend beaucoup de bruit du côté droit. On ouvre la porte. Don Félix entre suivi de quatre Domestiques du Prince.*)

Que signifie ce bruit?

SCENE XI.

LES ACTEURS PRÉCÉDENS, D. FÉLIX.

D. Félix *au Corrégidor, avec hauteur.*

Seigneur, je viens vous demander justice de l'injure que j'ai reçue.
LE CORREGIDOR.
Qui êtes-vous ?
D. FÉLIX.
Un galant homme.
LE CORREGIDOR.
Il n'est pas question de cela. Votre nom ?
D. FÉLIX.
Don Félix de Cardonne.
LE CORREGIDOR.
Votre état ?
D. FÉLIX.
Gentilhomme Portugais.
LE CORREGIDOR.
Etablissez votre plainte.
D. FÉLIX.
Je sortois ce matin de très-bonne heure de chez une Dame. Quatre hommes m'ont assailli subite-

ment, & m'ont entraîné dans une maison où j'ai été retenu jusqu'à ce moment, que j'ai enfin obtenu la liberté de venir me plaindre de cette violence.

LE CORREGIDOR à *l'Exempt*.

On a tort. Où sont ceux qui ont arrêté le Seigneur Don Félix ?

L'EXEMPT *montrant les Domestiques*.

Les voici. Ils appartiennent au Prince d'Orefca.

LE CORREGIDOR.

Ils ont tort. Et de quoi se plaint son Altesse ?

D. FÉLIX *ricannant*.

C'est sans doute un mouvement de jalousie....

LE CORREGIDOR.

Il a tort. Si tous les Grands Seigneurs faisoient arrêter les Amans de leurs Belles, les prisons de la ville ne suffiroient pas pour les contenir. (*A l'Exempt.*) Laissez aller le Seigneur Don Félix.

LE PRINCE à *l'Exempt, fortement*.

Qu'on l'arrête de la part du Prince.... J'ai à déposer contre lui.

LE CORREGIDOR *vîte*.

Bon, arrêtez, arrêtez. Ecrivez Greffier. Homme de Loi, parlez.

LE PRINCE *noblement*.

(*Il montre les Personnes dont il parle.*)

Monsieur le Corrégidor, faites écrire que cette jeune personne est innocente, que ce galant homme
est

COMÉDIE. 81

eft un fripon, que vous avez tort, & que je fuis le Prince d'Orefca.

(*Il jette son manteau & paroît mis superbement, & décoré.*)

(*Le Corrégidor, le Greffier, l'Exempt, se lèvent.*)
Tous ensemble.

Ah! Monfeigneur!

LE PRINCE.

Si je l'ai fait arrêter.... j'avois mes raifons. Il fe dit Gentilhomme? qu'on fouille dans fes poches, on y trouvera fes lettres de nobleffe.

(*L'Exempt fouille dans la poche de Don Félix, & en tire un écrin.*)

D. SANCHA *tranfportée s'écrie:*
C'eft l'écrin, Monfeigneur.

LE CORREGIDOR.

L'Ecrin volé?

D. SANCHA.

Lui-même.

LE CORREGIDOR.

Bon.

LE PRINCE.

J'en étois fûr.

(*En ce moment Barogo tombe de la cheminée avec bruit, il eft couvert de fuie, il s'écrie:*)

Ah!

F

SCENE XII & dernière.

LES PRÉCÉDENS, BAROGO.

BAROGO *s'approche du Prince.*

Vive Monseigneur!

(*Tout le monde rit. D. Félix veut s'évader, les Domestiques du Prince l'arrêtent.*)

LE PRINCE *riant.*

Eh! c'est ce pauvre Ramonneur.

BAROGO *à ses genoux.*

Oui, Monseigneur. (*Montrant Sancha.*) Mamselle m'avoit donné l'ordre d'une commission pour votre Altesse; mais comme je ne pouvois pas prendre le chemin de la porte, à cause des Alguazils qui la gardoient, ni celui de la fenêtre, rapport aux vitrages de fil d'arichal qui la fermoient, j'ai enfilé celui de la cheminée, Monseigneur; mais quand j'ai été grimpé tout là haut, y ne m'a pas été possible d'avancer plus en avant, à cause des grosses traversières de fer qui percioient la muraille de part en part, Monseigneur. Or donc, voilà que je me suis ravalé tout doucètement par en bas, où est-ce que j'y serois encore, si ce n'est que je n'ai pu contenir & la joie de mon cœur, en entendant le Jugement de votre justice. Pardi, vous avez fait, Monseigneur, là un fier coup.

COMÉDIE.

LE PRINCE *avec bonté*, *à Barogo*.

Lève-toi, mon ami. Quant au Gentilhomme Portugais, Exempt, faites votre devoir.

(*L'Exempt s'empare de D. Félix.*)

BAROGO *triomphant*, *à D. Félix.*

Ah! ah! Monsieur le Fataud! te v'là pris. T'as trouvé z'a qui parler. Pan!

LE PRINCE *à l'Exempt.*

Allez.

BAROGO *à l'Exempt.*

Prenez ben garde qu'y ne fouine, da!

LE PRINCE *à Sancha.*

Sancha, prenez cet écrin. Vous irez avec Don Gusman le porter à Éléonore, & vous lui direz que femme qui trompe, finit toujours par être dupe. Vous reviendrez me trouver chez moi.

(*Il va pour sortir.*)

BAROGO *au Prince, l'arrêtant, & se mettant à genoux.*

Ah! mon Prince, puisque vous v'là en train & de bien faire, je vous demande à deux genoux, & si c'est de votre bonté de vouloir bien me justifier de d'même. Ces Messieurs noirs que v'là, disont comme ça que je fis un fripon, & c'est le plus laid des deux qu'a dit ça.

LE PRINCE *examinant le Corrégidor & le Greffier.*

Lequel? Je n'ai pas le don de deviner.

BAROGO.

C'est le plus joufflu des deux, Monseigneur.

LE PRINCE *au Corrégidor & au Greffier.*

Qui que ce soit, Messieurs, cela mérite réparation.

BAROGO *se relevant vîte.*

Non, Monseigneur, ils n'ont qu'à me rendre mes habits & ma grattoire, & je les tiens quittes de leur réparation. La bonne renommée est tout de d'même qu'une cheminée, Monseigneur. Elle a beau être ben ramonnée, elle ne vaut jamais celle-là qu'est toute neuve.

LE PRINCE.

Tu as raison, tu es un brave garçon, & tu peux compter sur mes bienfaits.

BAROGO.

Ben obligé, Monseigneur, mais faut pas que ça vous gêne, au moins. Car, voyez-vous, Monseigneur, avec ma grattoire & de la santé, la protection des braves gens, & l'avantage de leur pratique. Et ben quoi, je n'aurai plus l'honneur d'être Prince, mais je serai tout aussi content qu'un Roi.

F I N.

APPROBATION.

Lu & approuvé *le 30 Janvier* 1786 SUARD.

Vu l'Approbation, permis d'imprimer. A Paris, *ce 30 Janvier 1786* DE CROSNE.

PETITES PIECES DU MÊME AUTEUR.

Aux Variétés.

En Société.

Le Mari à deux Femmes, en 2 Actes, en Profe.
Le Ramonneur Prince, 1 Acte, en Profe.

Seul, au même Théâtre.

Le Nœur d'Amour, 1 Acte, en Profe.
Le Bouquet d'Amour, 1 Acte, en Profe.
Le Faux Chevalier, ou le Double Dédit, 2 Actes, en Profe.
La Rufe Inutile, un Acte, en Profe.
Il y a du remède à tout, 1 Acte, en Profe.
Les Ombres Anciennes & Modernes, 1 Acte, en Vers.
Il Etoit Tems, ou le bon valet, 1 Acte, en Profe.
La Feinte Suppofée, un Acte, en Profe.
Mieux fait Douceur que Violence, 2 Actes, Profe.
Barogo, fuite du Ramonneur Prince, 2 Actes, en Profe.
Le Mariage de Barogo, 3 Actes, en Profe.
L'Amour & la Raifon, 1 Acte, en Profe.

A L'AMBIGU COMIQUE.

Seul.

Zélia ou la Grille Enchantée, 1 Acte, en Profe.
Les Bluettes, 3 Actes, Vers & Profe.
La Fête de Cythère, Paftorale, en Vers.
Le Brave Homme, Comédie.

AUX GRANDS DANSEURS.

SEUL.

La Parodimanie, 1 Acte, en Vers.
Robert le Diable, 2 Actes, en Profe.
La Caverne Miftérieufe, 1 Acte, en Profe.
La Tricherie revient à fon Maître, 1 acte, Profe.

TRAGÉDIES et COMÉDIES

Qui se trouvent chez CAILLEAU, *Imprimeur-Libraire, rue Galande*, N°. 64.

A.
Abdolonime, ou le Roi berger.
A bon Chat, bon Rat.
A bon Vin point d'enseigne.
Absence du Maitre. (l')
Ainsi va le Monde.
Amant de retour. (l')
Amour Quêteur. (l')
Amour Suisse. (l')
Amours de Montmartre. (les)
Anglais à Paris (l')
Anglaise (l') déguisée.
Aveux imprévus. (les)
Avocat Chansonnier. (l')

B.
Baignoire. (la)
Ballon. (le)
Barogo.
Bataille d'Antioche. (la)
Battus payent l'amende. (les)
Bienfaisans. (les)
Bienfait récompensé. (le)
Blaise le Hargneux.
Bon Seigneur. (le)
Bon Valet. (le)
Bonnes gens. (les)
Boniface Pointu.
Bons Amis. (les)
Bouquet d'Amour. (le)
Brebis (la) entre deux Loups.

C.
Cabinet de Figures. (le)
Cacophonie. (la)
Café des Halles. (le)
Ca n'en est pas.
Caprices (les) de Proserpine.
Carmagnole & Guillot Gorju.
Chacun son Métier.
Cent Ecus. (les)
Consultations. (les)
Corbeille enchantée. (la)
Colporteur supposé. (le)
Christophe le Rond.
Churchill amoureux.

D.
Danger des Liaisons. (le)
Daphnis & Zirphé.
Déguisemens Amoureux. (les)
Déguisemens. (les)
Déserteur, Drame.
Devin par hasard. (le)
Deux (les) sont la paire.
Deux Fourbes. (les)
Deux Sylphes. (les)
Dinde du Mans. (la)
Dindon rôti. (le)
Diogene Fabuliste.
Directeur (le) Forain.
Double Allégresse. (la)
Duc de Foix (le), Tragédie.
Dupes de l'Amour. (les)

E.
Ecole des Coquettes. (l')
Ecolier devenu Maitre. (l')
Ecossaise. (l')
Ecouteur aux Portes. (l')
Emménagement de la Folie. (l')
Enfans. (les)
Enfant gâté. (l')
Enrôlement supposé. (l')
Esope à la Foire.
Espiéglerie amoureuse. (l')
Etrennes de l'Amour, de l'Amitié & de la Nature. (les)

F.
Fanfan & Colas.
Fanny.
Faux Talisman. (le)
Fausses Consultations. (les)
Fausses Infidélités. (les)
Faux Ami, Drame. (le)
Fédéric & Clitie.
Femme comme il y en a peu. (la)
Femmes & le Secret. (les)
Fête des Halles. (la)
Fin contre Fin.
Fête de Campagne. (la)
Folies à la mode. (les)
Fou raisonnable. (le)
Frères. (les deux)
Frères Ennemis (les), Tragédie.
Frères. (les deux petits)

G.
Gémeaux. (les)
Giles ratisseur.

H.
Héloïse (l') Anglaise, Drame.
Hymen (l'), ou le Dieu jaune.
Homme (l') comme il y en a peu
Homme (l') noir.
Homme (l') & la Femme comme il n'y en a point.

J.
Jacquot & Colas Duellistes.
Jacquot parvenu.
Janot chez le Dégraisseur.
Jeannette, ou les Battus ne payent pas toujours l'amende.
Jean qui pleure & Jean qui rit.
Jérôme Pointu.
Jeune Indienne. (la)

I.
Il étoit tems
Inconnue persécutée. (l')

L.
Laurette.
Lingere (la) ou la Bégueule.

M.
Maï. (le)
Mal-entendu. (le
Mannequins (les)
Manteau écarlate. (le)
Mariage de Barogo. (le)
Mariage de Janot. (le)
Mariage de Melpomène. (le)
Margot la Bouquetière.
Mari (le) à deux femmes.
Marseille sauvée, Tragédie.
Matinée (la) du Comédien.
Méfiant. (le)
Mélite & Lindor.
Mensonge excusable. (le)
Méprise (la) innocente.
Mère de Famille. (la)
Momus Philosophe.
Musicomanie. (la)

N.
Naufrage d'Amour. (le)
Négre blanc. (le)
Ni l'un ni l'autre.
Nouveau parvenu. (le)
Nœud d'Amour. (le)
Nouvelle Omphale. (la)

O.
Oiseau de Lubin. (l')
Oiseau (l') de Proie.

Ombres (les) anciennes & modernes, ou les Champs Elisées.
On fait ce qu'on peut.
Oui ou non.
Olaurëus, ou le nouvel Abeilard.
Parisien dépaysé. (le)
Pension (la) Genevoise.
Persifleur. (le)
Petites Affiches. (les)
Pierre Bagnolet & Claude Bagnolet
Poule au Pot. (la)
Pourquoi pas?
Pouvoir (le) des Talens.
Prince noir & blanc. (le)

Q.
Quatre Coins. (les)
Qui a bu, boira.
Quiproquo de l'Hôtellerie. (le)

R.
Ramoneur Prince (le).
Repas des Clercs. (le)
Repentir (le) de Figaro.
Résolution (la) inutile.
Roméo & Juliette, Drame.
Rose & l'Epine. (la)
Ruse inutile. (la)

S.
Sabotier, (le) ou les huit sols.
Sculpteur en Bois (le).
Serrail à l'encan. (le)
Soi-disant Sage. (le)
Soubrette rusée. (la)
Sourd. (le)

T.
Têtes (les) changées.
Thalie, la Foire & les Pointus.
Théâtromanie. (la)
Tibère, Tragédie.
Tracasseries de Village.
Triomphe (le) de la bienfaisance.
Tripot Comique. (le)
Triste Journée (la).
Trois Aveugles (les)
Turcaret, de le Sage.

V.
Vannier (le) & son Seigneur.
Vendanges de Suresne. (les)
Vénus Pélerine.
Veuve (la) comme il y en a peu.
Vigne d'Amour. (la)

W.
Wisht (le) & le Loto.

Z.
Zarine, Tragédie.

Contraste insuffisant

NF Z 43-120-14

www.ingramcontent.com/pod-product-compliance
Lightning Source LLC
LaVergne TN
LVHW050649090426
835512LV00007B/1105